2

R.G.Warkenga

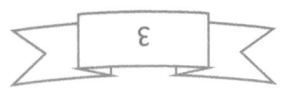

Jenseits
Gedanken & Trost

BoD- Books on Demand
Norderstedt 2017

3

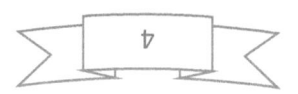

© 2017 R.q.Wardenga & Stütz Bücher

Herstellung und Verlag:
BoD – Books on Demand, Norderstedt

ISBN 9-78374-3-19334-5

Bibliografische Information durch die
Deutsche Nationalbibliothek
Die Deutsche Nationalbibliothek
verzeichnet diese Publikation in der
Deutschen Nationalbibliografie;
detaillierte bibliografische Daten sind im
Internet über http://dnb.dnb.de
abrufbar.

Inhalt:

07 Gedanken und Überlegungen

08 Aus dem Körper ausgestiegen

09 Gott und das Universum – Urknall, Schwarze Löcher und das Ende

11 Der Neuanfang

13 Das Weiße im Schwarzen Loch (SF)

21 Bewusstsein und Universum

22 Parapsychologie – Transkommunikation mit dem Jenseits

25 Unglaubliche Geschichten

49 Erkenntnisse

50 Wiedergeburt

51 Außerirdische Erscheinung?

56 Der höhere Sinn – Der Gang zum Licht

57 Der Sinn des Lebens

9

59 Tröstende Worte

60 Eine Sterbebegleitung

76 Tröstende Worte

78 Gedichte zum Gedenken und zum Trost

***ALLES ENTSTEHT AUS DEM NICHTS,
ABER DAS NICHTS IST ETWAS.***

Das sind einfache Worte und doch schwer
zu verstehen. Seit vielen Jahrzehnten
mache ich mir darüber Gedanken...
woher kommt alles, wohin geht es, was
ist der Sinn meiner Existenz. Das Leben
und das Universum gehören für mich
schon immer zusammen, für mich ist
beides untrennbar.

Angefangen hat alles mit einem
Nahtoderlebnis. Ich lebte damals in einer
sehr stressigen Umgebung, manchmal
war der Tag nicht ausschaltbar. Oft
dachte ich über den Tod nach, aber
zuerst wollte ich doch wissen, ob es dort
besser ist, wohin ich gehen würde. Wie
sollte ich das herausfinden?

Es waren die 1970'er Jahre. Internet gab
es nicht, sonst hätte man eben mal in
Google einen Blick geworfen. In mein
Tagebuch schrieb ich damals: „Wieder ein
Tag mit diesem Druck in der Firma. Ich
wollte immer besser werden, aber der

Chef deckelte mich ständig. Mir wurden Zeit, Geld, Zuversicht und Gefühle gestohlen. Wie sollte ich so mein ganzes Potential zeigen? Jetzt wird erst einmal geschlafen... es ist 2 Uhr 15. Mir ist gerade etwas Eigenartiges passiert. Mit vollem Bewusstsein löste sich ein durchsichtiger Körper von mir, es war wie ein zweiter Körper, und stieg etwa 2 Meter nach oben. Ich sah, wie die Zimmerdecke immer näher kam. Ich stoppte und drehte mich langsam um. Jetzt sah ich mich selbst auf dem Rücken liegend im Bett... plötzlich machte es ein Geräusch, so wie ein Luftzug, und gleichzeitig fiel ich wieder in meinen realen Körper. Die ganze Zeit habe ich alles sehr bewusst wahrgenommen. Ich bin aus meinem Körper ausgestiegen."

Von nun an ging ich jeden Abend tief in meine eigene Gedankenwelt; ich freute mich regelrecht auf das zu Bett gehen. Bis dato habe ich nichts über diese Dinge gelesen, lediglich alles das, was mit dem Weltall zu tun hatte.

Natürlich glaube ich an Gott. Er ist der Schöpfer von all diesen schönen Dingen hier auf der Erde und im Universum. Und dann gibt es da auch noch die Physik; und auch die Parapsychologie nahm ich mit ins Boot. Ich wollte einfach nichts ausschließen und den Horizont auf 360 Grad erweitern. Ich bin schon der Meinung, wer sofort sagt „das kann doch gar nicht sein", hat nicht genug überlegt.

So richtig inspiriert wurde ich dann Anfang der 1980'er Jahre von der Serie UNSER KOSMOS mit Carl Sagan. Damals leitete ich in der VHS eine Diskussionsrunde darüber. Meine ganz persönliche Meinung war es, dass sich in jeder Galaxie ein Schwarzes Loch befinden würde. Und irgendwann werden alle umkreisenden Sonnen und Planeten vom Schwarzen Loch geschluckt. Für mich stand da bereits fest, dass sich zuerst Galaxien bilden und dann entsteht durch den hohen Druck in der Mitte ein Schwarzes Loch. Was das mit der Überschrift GEDANKEN ÜBER DAS JENSEITS zu tun hat, dazu später.

Wir können also vereinfacht sagen, irgendwo im Nichts, denn Raum gab es ja noch nicht, explodierte ein kleiner Stecknadelkopf (was noch zu groß dargestellt ist) und es entstanden Raum und Zeit und somit unser heutiges Universum. Dann entstanden größere Klumpen bis hin zu Galaxien. Und weiter? Innerhalb der Galaxien bildeten sich Schwarze Löcher, die all die Sterne, Planeten, Monde, einfach alles, wieder aufsaugen werden. Übrig blieben dann nur noch Schwarze Löcher, die vielleicht von noch gewaltigeren Schwarzen Löchern XXL angezogen und gefressen werden. Die letzten Schwarzen Löcher XXL dürften dann wohl verhungern. Übrig bleibt nichts. Keine Materie, keine Zeit, kein Raum, eben das Nichts. Ist das

11

mit uns Menschen genauso? Bleibt von mir auch nichts übrig? Wie im Kleinen, so im Großen. Das wäre ja traurig. Was ist dann der Sinn in meinem Leben? Geboren werden, Kindergarten, Schule, Ausbildung, Heirat, Kinder, Haus, Enkelkinder und gut ist es? Das reicht mir nicht! Da muss noch etwas sein!

Wir sind also noch beim Thema Universum. Aus einem Schwarzen Loch kann nichts entweichen. Wohin also mit der ganzen Energie? Alles wird so stark zusammengepresst, wie vielleicht ein Bruchteil des ursprünglichen Stecknadelkopfes des Urknalls. Entweicht vielleicht die gesamte Energie in eine neue Dimension? Also wären in unserem Raum ein weiteres Universum oder mehrere weitere Universen, die wir nicht sehen können? Würden dort alle Energien von allen Schwarzen Löchern aus unserem Universum gesammelt, gepresst und es entsteht wieder ein Urknall in einem Nichts?

12

Oder ist bereits jedes Schwarze Loch in Zukunft ein eigener Urknall? Oder ist das der Ort woher wir alle und die gesamte Energie und Materie gekommen sind? Wir sind ja auch Energie, also würde es mit uns auch weiter gehen. Können wir an diesem energetischen Ort auch kommunizieren und denken? Vielleicht in einer anderen Form, aber unser Denken und unser ICH könnten erhalten bleiben. Wir werden wohl ein Teil des Ganzen sein, mit unserer eigenen Persönlichkeit.

Viele Science-Fiction-Autoren haben sich ebenfalls ihre Gedanken gemacht und Geschichten geschrieben, so wie diese:

(Science-Fiction lesen oder weiter auf Seite 21)

Das Weiße im Schwarzen Loch

„Captain Cliff Danzer an Basis-Kontrolle! Wir senden erste Aufzeichnungen und Analysen der Sonden aus dem Schwarzen Loch zu. In der äußeren Umlaufbahn können wir noch etwa vier Stunden verbleiben, dann folgt der Rücksturz in den freien Raum." Cliff Danzer ist Raumschiffkommandant der GLOBAL PEACE TWO. Das Raumschiff ist mit modernster Technik des 26. Jahrhundert ausgerüstet, um Schwarze Löcher im Universum zu untersuchen. Die 126 Crewmitglieder sind meist Wissenschaftler, da das Raumschiff vollautomatisch von einem Supercomputer der Helos-8000-Serie gesteuert wird. Hauptbestandteil des Bionetic-Computers ist das verstorbene Gehirn von Professor Dan Laurenson, der die Helos-Serie entwickelt hatte. Die Helos-6000-Serie hatte bereits das Universum erklärbar gemacht. Die 7000-Serie entwickelte dann die STIT-Weltraumreisen, „Space Travel Immediately There". Dabei bedient man sich der Dunklen Materie, die überall im Universum vorhanden ist. Wie Professor Dan Laurenson es erkannte: „Das HIER ist auch sofort das DORT im Universum, man muss nur die Dunkle Materie und die Dunkle Energie verstehen!" Mit dem Raumschiff GLOBAL PEACE TWO war man nun in der Lage, sofort hier und überall dort zu sein. Man nutzte zwar die Dunkle Materie, aber es standen immer noch Fragen an, genauso wie bei den Schwarzen Löchern. Nun aber sollten die letzten Geheimnisse gelüftet werden. „Die Sonden sind zum Start bereit", verkündete Ingenieur Robert Woggon. „Captain an Helos, Start durchführen, Aufnahme und Analyse starten. Captain Status Delta 58", sagte Danzer auf der Brücke. Die Sonden starteten und wurden sogleich vom Schwarzen Loch angezogen. Gespannt sahen alle Crew-Mitglieder auf ihre Monitore. Sie sahen, wie die Sonden wie Spagetti gedehnt wurden. Aber sie übertrugen weiterhin Daten und Bilder. Es war unwahrscheinlich grell im

Schwarzen Loch. Immer schneller wurden die Sonden angezogen. Immer höher wurde die Rechenleistung des Computers Helos. Gleichzeitig wurden alle Daten in Richtung Erde gesendet. 30.000 Lichtjahre waren zu überbrücken. Wie gesagt, das funktionierte nur mit STIT. Auf der Erde sah man gespannt zu. „Basis-Kontrolle an GLOBAL PEACE TWO. Täuscht es oder steht ihr alle wirklich bewegungslos vor den Monitoren?", so ertönte es aus der Kommunikation. Und in der Tat, die Crew bemerkte nicht, dass durch die gewaltige Rechenleistung Helos am Leistungsende war. Langsam driftete das Raumschiff zum Kern des Schwarzen Lochs. Jeder Meter pro Sekunde kam es der Crew wie Stunden vor. Die

Informationen, die Bilder und die Eindrücke, waren an den Bildschirmen atemberaubend. Noch nie sah man Atome, Protonen, Neutronen und Elektronen langgezogen wie Regenwürmer. Noch nie sah man gedehnte Lichtpartikel eines Lichtstrahls.

„Basis-Kontrolle an BLOBAL PEACE TWO! Ihr müsst den Rückschub starten! Sofort! Ihr werdet zu stark in das Loch gezogen!" Keine Reaktion auf dem Raumschiff. Niemand rührte sich. Die Kontrollen der Herzfunktion zeigten einen Schlag pro Stunde an. Aber alle Informationen wurden weiterhin zur Basis-Kontrolle gesendet. Ob, wie und was die Crew nun alles sah, auf der Erde konnte man es nur ahnen, denn die Bilder sendeten ununterbrochen weiter. Es wurde heller und heller. Die Kameras der Raumschiffbrücke sendeten nun nicht mehr, die Außenkameras funktionierten noch einwandfrei, wahrscheinlich brach das Raumschiff bereits auseinander. Auf den Bildschirmen waren nun grelle Strudel zu sehen. Waren Kameras tatsächlich durch das Schwarze Loch gezogen worden? Dann vermutete man am Ende des Schwarzen Lochs wieder den dunklen Weltraum. Die Bildschirme blieben aber hell. Hin und wieder dachten einige Wissenschaftler in der Basis-Kontrolle, dass sie Gesichter gesehen haben wollten oder Schleier. Nichts Genaues wusste man. Die Kameras blieben über Jahrzehnte eingeschaltet. Vielleicht zeigen sie auch heute noch etwas an. Nur erlebte dies der Leiter der Basis-Kontrolle und Freund von Cliff Danzer, Jack Townsend, nicht mehr. Seine letzten Stunden verbrachte er in den Armen seiner Frau. „Gehe zum Licht", flüsterte Amy ihrem Mann zu. „Ich sehe Hände, Hände die mich tragen wollen, Hände, die mich nach oben ziehen wollen. Ich sehe in der Ferne ein Licht. Es kommt näher und näher", sprach Jack. „Gehe darauf zu, bitte", flüsterte Amy weiter. „Ich sehe ein Gesicht. Die Hände tragen mich weiter zum Licht. Es... es ist... nein... ich kann es kaum glauben... es ist mein Freund Cliff. Ich liebe dich, Amy. Ich weiß nun, wir sehen uns wieder." Jacks Seele löste sich vom Körper und stieg zum Licht auf. „Hallo mein lieber Freund", so wurde Jack von seinem Freund Cliff empfangen. „Ich habe diese Gestalt kurz angenommen, damit du mich erkennst. Ansonsten sind wir formlose Energiewolken in dieser Dimension. Es ist die Dimension aller guten Seelen, aller Universen, in einem unendlich großen Raum, dem Omnium. Als wir mit dem Raumschiff vom Schwarzen Loch angezogen wurden, trennte sich der Geist vom Körper. Der Körper wurde in alle Einzelteile zerlegt und komprimiert.

Der Geist dagegen erhielt freien Durchgang direkt ins Licht, direkt in die nächste Dimension. Nun komm mit mir, mein Freund, deine Familie und Freunde erwarten dich bereits."

Es ist also alles ein großer Kreislauf auf der Erde, im

Universum, im Leben, in der Liebe, im Nichts, denn das Nichts ist Etwas!

(... weiter von Seite 13)

In unserer damaligen Diskussionsrunde gab es diese Meinung: „Jedes Atom weiß was es in diesem Universum zu tun hat. In jedem Atom stecken alle Erinnerungen und alles Wissen unseres Universums. Wo? Um den Atomkern herum kreisen Elektronen, dazwischen ist nicht leerer Raum, sondern gespeicherter Raum in Form von Schwingungen."

Wenn nun schlussendlich alles von den Schwarzen Löchern angezogen wird, hindurch muss und irgendwo wieder erscheint, könnte unser ICH-Bewusstsein doch irgendwo wieder in Erscheinung treten. Und da viele Erlebnisse, mit lieben Menschen in unserem Umfeld, erlebt und gespeichert wurden, könnten wir alle wiedersehen und die

21

Erinnerungen aktivieren. Ich lehne mich sehr weit aus dem Fenster, aber es ist ja auch für die Suchenden geschrieben, um selbst darüber nachzudenken. Denn meine Frage ist, wie Sie, lieber Leser, die Sache sehen?

Und somit kommen wir auch nicht an dem Thema Parapsychologie vorbei.

In den 1980'ern gab es die Sendung UNGLAUBLICHE GESCHICHTEN mit Rainer Holbe und Elmar R. Gruber. Was habe ich daraus für mich mitnehmen können? Ich ging sehr skeptisch an diese Materie heran. Nach Aussage von Rainer Holbe wurde von den damaligen Technikern alles überprüft. Glücklicher Weise existierte in meiner näheren Umgebung eine Gruppe, die mit ihren Cassetten Recordern sehr aktiv war und bereits Stimmen aus dem Jenseits aufnehmen konnte. Also schloss ich mich dieser Gruppe an. Nach einem Gespräch und einer Tasse Kaffee starteten die anwesenden ihre Recorder und stellten

23

Fragen an Verstorbene. Ja, es war etwas auf dem Band, was ich aber nicht wirklich verstand. Man interpretierte mehr oder weniger die Antworten so, wie man sie gern haben wollte. Das war meine ganz persönliche Auffassung, ich kann mich aber ihnen. Es hatte auch nichts mit spiritistischen Sitzungen zu tun, keine Kerzen, kein Gebet, einfach nur ein technischer Cassetten Recorder und Menschen wie du und ich. Beim nächsten Treffen nahm ich meinen guten Nakamichi-Recorder mit (2500 DM gegen 118 DM). Ich dachte, je besser die Qualität, desto mehr höre ich. Nichts da, ich hörte noch weniger. Technisch erklärte ich mir die Sache so: Die tragbaren Cassetten Recorder einfachster Bauart nahmen Sprache über das eingebaute Mikrofon nur im Automatikmodus auf. D.h., dass ich eine Frage stelle, danach herrscht Stille im Raum, der Recorder meint, da muss doch etwas kommen und verstärkt alles an Geräuschen, der Nakamichi

natürlich nicht, mit dem manuellen Regler pendelte ich meine Stimme so aus, dass sie im grünen Bereich war und nicht in den roten Bereich kam. In den Pausen waren keine Geräusche im Raum und so nahm der Recorder auch nichts auf. Ich dachte, ich sei im Recht, dass das nicht der Weg war, Stimmen aufzunehmen. Aber heute denke ich, ich war im Irrtum. Gerade im Rauschen könnte man etwas heraushören. In den Sendungen mit Rainer Holbe erschien alles einleuchtender. Die Transkommunikation mit dem Jenseits schien zu funktionieren. Mir blieb diese Art der Kommunikation mit Wesenheiten leider verborgen. Aber die Wesenheiten können sich ja auch anders bemerkbar machen, etwa durch Geräusche oder andere unerklärliche Phänomene.
(Beispiele lesen oder weiter auf Seite 48)

An mich herangetragen wurden folgende Phänomene:

Der Geist der älteren Dame

Als wir in das Haus einzogen, wussten wir noch nicht, was uns erwartet. Es ist ein vierzig Jahre altes Reihenhaus, nichts Besonderes, aber es ist für uns erschwinglich. Von außen macht es nicht viel her, darum wollten wir es uns von innen umso schöner machen. Die ältere Dame lernten wir noch kennen. Sie bewohnte dieses Haus von Anfang an, war immer selbstständig und hatte stets einen Hund um sich herum. Ihre Hunde waren immer ganz besonders lieb. Ob aus dem Tierheim oder vom Züchter, ganz ohne

Hundeschule und Training, übertrugen sich die guten Eigenschaften der älteren Dame, auf ihre Hunde. Ja mehr noch, sie zog alle Tiere in ihren Bann. Bei der Verabschiedung sagten wir ihr noch, dass wir ebenfalls einen Hund als Wegbegleiter haben möchten. Einen Mops, genauso wie sie ihn hat. In das Seniorenheim, in das die ältere Dame einzog, durfte sie ihren Mops mitnehmen. Jeden Abend schliefen sie gemeinsam in einem Bett ein. Der Mops machte es sich am Fußende gemütlich. Gern verließ die ältere Dame ihr Haus nicht, aber das Alter und die Krankheit zwangen sie dazu. Wir richteten es uns mit den übernommenen Möbeln und unseren mitgebrachten Dingen recht hübsch auf den drei Etagen ein. Auf allen Etagen schafften wir auch Schlafgelegenheiten für unsere Enkel. Nun ja, es sind auch Ausweichquartiere, falls ich einmal wieder etwas lauter schlafe oder meine Frau durch die Wärme im Sommer nicht einschlafen kann. „Bist du in der Nacht im Souterrain gewesen, das Licht brannte heute Morgen noch?", fragte ich meine Frau. „Nein, allein trau ich mich sowieso noch nicht nach unten", antwortete sie. Nun ja, ich dachte nicht weiter darüber nach. Natürlich wusste ich, dass meine

Frau die letzten Worte der älteren Dame im Kopf hatte. „Hier im Souterrain schlafe ich immer gern mit meinem Mops im Sommer, da ist es schön kühl. Ach, eigentlich will ich gar nicht weg hier." Heute holten wir unseren neuen Mitbewohner ab. Eine fünf Monate junge Mopshündin. Ein frischer Wind wehte nun in unserem Haus. Gerade, wenn die Enkel wieder abfuhren, ersetzte Lilly Mops die Lebendigkeit, die die Enkel ausströmten. Nur mit der Reinlichkeit von Lilly hatten wir unsere Probleme. Überall fanden wir Trittbomben, so nannte meine Frau die kleinen Hinterlassenschaften. Nun, wir waren eben Anfänger, nicht so erfahren wie die ältere Dame. In den nächsten Tagen passierten eigenartige Dinge in unserem Haus. Wir schliefen wieder im oberen Schlafzimmer, als wir Geräusche aus dem Souterrain hörten. Das Licht war erneut eingeschaltet, die Tür geöffnet. Tage später schliefen wir in der mittleren Etage, nachdem Lilly Mops sich auf der Schlafzimmermatratze verewigt hatte und diese tüchtig gereinigt werden musste. Um 23:30 Uhr ertönte aus der oberen Etage das Stofftier von Lilly Mops. Nicht nur einmal, sondern öfter hintereinander. Der Spuk endete um Mitternacht.

Das Geräusch ließ sich übrigens nur entlocken, wenn man auf das Stofftier biss oder darauf trat. Wir waren zugegebenermaßen schon beide ängstlich und erschrocken darüber. Es ging jedoch weiter. Wir erinnerten uns, dass wir bei unserem ersten Kennenlernen mit der älteren Dame beim Frühstück eine Musik gehört hatten.

„Das sind meine Lieblingslieder, die CD hat mir meine Enkelin zusammengestellt. Jetzt spielt sie im Küchenradio jeden Morgen", sagte unsere Gastgeberin damals. Wir verbrachten einen ganzen Tag mit ihr. Alles im Haus erklärte sie uns. Gegen 8 Uhr am Abend unterschrieben wir in ihrem Büro in der obersten Etage den Vertrag. Jetzt kämpften wir gegen die Tretbomben an, dachten nicht mehr an das Gewesene. Und doch wurden wir immer wieder aufgeschreckt. Eines Morgens, wir kamen gerade aus dem Bad, da ertönte aus der Küche diese Musik der älteren Dame. Wir standen wie versteinert auf der Treppe. Den ganzen Tag spekulierten wir darüber, denn das Gerät musste mit dem Startknopf zum Laufen gebracht werden. Aber wir waren es beide nicht. Gegen Abend saßen wir im Büro, planten den nächsten Tag, sprachen noch über die kuriosen Ereignisse. Lilly Mops schlief schon in ihrem Körbchen, da lachte es ganz laut im Zimmer. Es war ein Lachsack, zweifellos, aber wo kam das Geräusch her? Wer löste es aus? Wir erschraken fürchterlich. Tagelang durchsuchten wir das Zimmer. Das Katzenkuscheltier konnte es nicht sein, es miaute. Das Pferd-Kuscheltier wieherte. Der Vogel zwitscherte. Nein, es war kein Lachsack zu finden.

Irgendwann, meine Frau gab einfach nicht auf, entdeckte sie ein zweites Geräuschmodul im Pferd. Es war der Lachsack. Aber wir drei hatten ihn nicht ausgelöst. Nun waren wir davon überzeugt, dass die alte Dame anwesend war, natürlich nur ihr Geist. Wir erfuhren, dass sie vergesslich wurde, immer mehr in der Vergangenheit lebte. Und wir lebten in der Zukunft, kämpften gegen die Häufchen im ganzen Haus. Eigenartiger Weise erledigte Lilly Mops nur die kleinen Geschäfte im Garten. Eines Tages kam meine Frau kreidebleich ins Schlafzimmer, es war fünf Uhr in der Frühe. Sie weckte mich und sagte: „Ich bin mit Lilly Mops in den Garten gegangen. Lilly hat all ihre Geschäfte dort erledigt. Sie konnte gar nicht schnell genug nach draußen kommen. Ich freute mich sehr. Als ich auf der Terrasse war, begann plötzlich der Schaukelstuhl ganz kräftig zu schaukeln. Lilly Mops und ich rannten schnell ins Haus. War es wohl die ältere Dame?" Wir wissen es nicht, wir können es nur vermuten. Aber eines steht fest, Lilly Mops war nun sauber, sie wusste jetzt, wo sie ihre Geschäfte erledigen musste. Sie lief bis zum Ende des Gartens, nahe dem Komposthaufen, und verrichtete dort jeden Tag ihre Bedürfnisse. Der Spuk nahm übrigens ein Ende. Meine Frau und ich sind der Meinung, die ältere Dame erzog in ihrer lieben Art, noch einmal einen Hund.

Übersinnliches oder Einbildung?

Früher habe ich mit einem Schmunzeln im Gesicht zugehört, wenn mir jemand etwas über Übersinnliche Phänomene oder Geister erzählt hat. Ich konnte mir beim besten Willen nicht vorstellen, dass es sowas wirklich gibt. Mittlerweile denke ich anders darüber, denn ich bin eines Besseren belehrt worden. Was ich erlebe, in dem Haus mit der Nummer 6, ist einfach kaum zu glauben. Es gibt viele Menschen, die diesbezüglich schlimmere Dinge erfahren mussten, aber für mich ist es jetzt schon der blanke Horror. Im Laufe meiner noch kommenden Geschichten, werde ich über meine Erlebnisse hier berichten. Nun aber möchte ich von dem neusten Vorfall schreiben.

Das Haus, in dem ich lebe besitzt drei Etagen. Ich beschreibe es hier, damit sie sich ein Bild von der Größe machen können. Vielleicht können sie dann besser verstehen, dass man gerade in der Nacht nicht alleine sein möchte. In der oberen Etage befinden sich zwei Badezimmer, ein Ankleideraum, Schlafzimmer und ein großer Büroraum, in dem wir arbeiten. Darunter befindet sich die Küche, ein riesiges Wohnzimmer mit Essbereich, eine Terrasse mit einer Treppe, die in den Garten führt. Ganz unten, wenn man zur Haustür hereinkommt ist der Heizungsraum, eine Waschküche und ein riesiger Hobbyraum. Von diesem Raum aus, kann man auch in den Garten gehen.

Nun ja, riesig würde ich mal sagen. Damit wir hören, wenn zum Beispiel ein Einbrecher die Treppe heraufkommt, haben wir zwei Bewegungsmelder angebracht. Ein zwitschernder Vogel, der auf elektromagnetische Impulse reagiert und eine kleine Lampe mit der gleichen Funktion. Wenn nun jemand daran vorbeiläuft oder das Licht wird ausgemacht, fängt der Vogel an zu pfeifen und die kleine Lampe springt an. Aber wirklich nur dann. Heute Morgen zwitscherte der Vogel mehrmals hintereinander, die kleine Lampe sprang ebenfalls ein paar Mal an. Es war noch dunkel und wir wurden davon wach. In den darauffolgenden Stunden wiederholte es sich einige Male. Makaber nicht wahr? Ja, ist es wohl. Gruselig ist gar kein Ausdruck.

Einen Tag später ging ich um 7 Uhr am Morgen hinunter, machte mir einen Kaffee und setzte mich dabei in das mehr oder weniger dunkle, riesige Wohnzimmer. Plötzlich wurde ich durch ein lautes pochen an der Terrassentür aus meinen Gedanken gerissen. Zudem wackelte ein Raumteiler, den man zusammenklappen kann, heftig hin und her. Ein Deko-Kranz fiel von der Wand. Unser Hund wartet sonst immer bis ich fertig bin, um dann noch mal mit mir nach oben zu gehen. Dieses Mal war es anders. Er hatte Angst und rannte schon vorher die Treppe hinauf. Er verkroch sich unter die Bettdecke und kam auch, nachdem ich ihn rief, nicht heraus.

Ich glaube Tiere haben ganz feine Sensoren und merken genau wenn was

nicht stimmt.
Offensichtlich spukt es gewaltig im Haus mit der Nummer 6. ich habe zwar keine Angst, aber ein bedrückendes, mulmiges Gefühl ist geblieben.
Außerdem bin ich seit einiger Zeit ständig müde und habe das Gefühl, jemand saugt mir meine Energie aus dem Körper. Ein Blutbild beim Arzt war in Ordnung, folglich kann es nichts körperliches sein.

Komisch ist nur, wenn ich das Haus verlassen habe geht, es mir recht gut. Komme ich zurück beginnt sofort wieder dieses Gefühl. Ich behaupte felsenfest, dass wir von Geistern umlagert sind.

Blendende Erscheinung

Es war um 2 Uhr in der Nacht. Wie üblich stieg der Rottweiler Flinn aus seinem Korb, streckte sich und wollte zum Pipimachen in den Garten. Ich werde jedes Mal davon wach. Aber es stört mich nicht, besser gesagt, doch schon etwas. Die Schlafzimmertür steht bis zur Hälfte auf. Meine Frau schläft ruhig und zufrieden. Ich richte mich etwas auf und sehe zwischen der halb geöffneten Tür in den Flur. Flinn lief zur Tür, drehte um und sprang in unser Ehebett. Meine Frau erwachte. Ich sah dieses Ding, etwa 60 cm in der Höhe und 20 cm in der

Breite. Es leuchtete grell, aber es leuchtete nichts an. Es sah wie ein DNA-Strang aus. Ich beugte mich weiter vor, da ging die Tür mit einem Quietschen zu. Meine Frau sah es noch genau. Mutig ging ich zur Tür und öffnete diese wieder. Das Ding war weg. Etwa 30 Minuten bewegte ich die Tür hin und her, aber das Quietschen bekam ich nicht mehr zu hören.

Ein Geist in blond

Im Haus wurden vor vielen Jahrzehnten spiritistische Sitzungen abgehalten. Auch fanden regelmäßige Treffen einer sich bildenden Sekte statt. Das alles wussten wir nicht. Wir glaubten aber auch nicht an solch einen Hokuspokus. Nach zwei Jahren begannen aber unglaubliche Erscheinungen. Schatten, die plötzlich auftauchten. Lichter die zu sehen waren, obwohl es an den Stellen keine Lampen sind. Und dann dieses ständige Gefühl, dass man beobachtet wird.

Es war eine ganz normale Nacht. Gegen 3 Uhr wurde ich wach. Die Augen waren geschlossen. Ich fühlte mich beobachtet. Langsam öffnete ich meine Augen und erschrak fürchterlich. Über mich beugte sich eine Frau mit blonden Haaren und rotem Gewand. Sie hatte kein Gesicht, alles war mit diesen hellblonden Haaren bedeckt, genauso wie es auf dem Buchumschlag zu sehen ist. Das Gewand war rot, ohne Arme und nach unten spitz zulaufend. Diese Erscheinung war etwa 170 cm groß. Es war dunkel im Raum und trotzdem konnte ich diese leuchtenden Haare und das rote Gewand deutlich ausmachen. Langsam bewegte ich mich aus Angst zur Bettmitte in Richtung meiner Frau, die fest schlief. Sie nahm gegen 23 Uhr eine Schlaftablette. Die Erscheinung ließ von mir ab und richtete sich auf. Dabei schwebte sie vom Bett ab in Richtung

Schrank und wurde über 2 Meter groß. Meine Angst vergrößerte sich, ich schloss die Augen. Irgendwann schlief ich ein.

Antworten aus dem Jenseits

Bewegungsmelder arbeiten nach verschieden Prinzipien. Wir haben sie alle, weil wir an das Übernatürliche glauben. Wir stellten fest, dass ein Bewegungsmelder nicht nur Helligkeitsabhängig war, sondern auch vom Lichtschalter beeinflusst wird, obwohl beide nichts miteinander zu tun haben. Unser Test ging so: wir klebten den Lichtsensor ab und schalteten das

Flurlicht an. Nichts passierte. Schalteten wir das Flurlicht aus, so piepte der Sensor. Wir schraubten die Lampe heraus. Trotzdem piepte es, wenn man das Flurlicht ausgeschaltet hat, obwohl nicht an. Voraus ging folgende Erscheinung: Um 7 Uhr morgens wurde ich wach, da ich mich beobachtet fühlte.

Etwa 5 Sekunden später piepte der Bewegungsmelder. Es war dunkel im Haus, das Flurlicht nicht eingeschaltet. Kein Licht, kein Schatten der den Bewegungsmelder auslösen hätte können. Diese Erscheinung erzählte ich um 10 Uhr meinem

Sohn. Wir saßen im Esszimmer. „Ob das Vater war?", fragte ich meinen Sohn. In dem Augenblick piepte der Bewegungsmelder zwei Mal. Auch weitere Fragen wurden auf diese Art beantwortet. Antworten, die nur ich und mein Sohn kannten.

Es gibt also kein Signal wenn eine Energie kommt, sondern wenn sie geht. So zumindest testeten wir es mit den Sensoren. Lichtschalter einschalten... nichts passiert... Lichtschalter ausschalten... Signal ertönt. Um 7 Uhr wurde ich also wirklich beobachtet. Ein Energiewesen kam, es gab kein Signal, es beobachtete mich, ich wurde wach... das Energiewesen ging... das Signal ertönte. War es mein verstorbener Mann Wolfgang?

Was können wir daraus schließen? Beim Thema UNIVERSUM ging es darum, ob etwas von uns übrig bleibt, etwa eine Signatur, das eigene ICH bestenfalls. Wo könnte das sein? In einem Paralleluniversum etwa, das sich ja auch in diesem Raum befinden kann, nur für uns nicht zugänglich ist. Oder etwa in einer Zwischenwelt? Und was ist mit der Kommunikation der Wesenheiten in Form von Frequenzen auf dem Cassetten Recorder? Sollten aber doch die Stimmen der Wesenheiten auf den Recordern der Wahrheit entsprechen, dann scheint es doch eine eigene Welt, eine Zwischenwelt oder eine Geistwelt um uns herum zu geben. Nicht in einer anderen Dimension, sondern im Hier und Jetzt. Und wenn wir keine Stimmen aufnehmen können, aber rätselhafte Vorkommnisse erleben, so wie die Erlebnisse, die an mich herangetragen worden sind, dann ist das Bewusstsein der lieben Menschen, die ich verloren habe, um mich herum, in dieser Realität. Das Bewusstsein ist also

*einfach da und hält sich nirgend wo auf.
Das ist vielleicht die wichtigste
Erkenntnis, und auch ein großer Trost!
Die geschilderten Ereignisse, die ich z.T.
miterleben durfte, haben alle einen
positiven Hintergrund. Was ist mit den
negativen Geistern? Ganz ehrlich? Damit
möchte ich mich nicht beschäftigen. Um
mich herum gibt es nur liebe Menschen,
von mir sind nur liebe Menschen
gegangen. Ich kann nur ahnen, wo sie
sind, denn Beweise habe ich auch nicht.
Bei meiner Recherche ging man auf
jeden Fall ganz normal mit diesem
Thema um, so, als würden alle
Verstorbenen um uns herum sein.
Hat man denn eine Chance auf
Wiedergeburt? Nach meiner Meinung
sind die Wunderkinder nicht anders zu
erklären, die bestens Klavier spielen oder
andere Bedingungen haben, worüber wir
uns nur wundern können.*

Was ist mit Außerirdischen? Nun, wenn es Gesetze für unsere Realität gibt, für unsere Erde, dann gilt das für das gesamte Universum. Gibt es überhaupt Außerirdische? Wer sich auch nur im Geringsten die Größe unserer Milchstraße vorstellen kann, wobei es schon schwierig ist, sich das Größenverhältnis unserer Erde zur Sonne vorzustellen, der versagt aber dann doch bei der Vorstellung der Größe unseres Universums. Und in diesen Weiten wird es garantiert Leben geben, gleich in welcher Form. Haben Sie auch schon einmal etwas Außergewöhnliches am Himmel gesehen. An mich wurde folgendes Ereignis herangetragen:

Ich erzähle diese Geschichte, weil ich fest daran glaube, dass es Dinge gibt zwischen Himmel und Erde, die wir leider noch nicht ganz verstehen. Aber ich glaube, dass unser Tun und

Denken beeinflusst wird durch eine höhere Macht. Ich glaube, dass unser Lebensweg in gewisser Weise geplant wurde. Vor einigen Jahren, als ich mich wieder einmal einsam und unverstanden fühlte, schaute ich aus meinem Schlafzimmerfenster. Es war schon spät am Abend. Am Horizont blinkte ein Licht. Es war nur dieses eine Licht am Himmel zu sehen. Seine Strahlen waren so hell, dass mir nach ein paar Minuten die Augen wehtaten. Außer diesem Licht war nichts anderes am Himmel sichtbar. In meinen Gedanken sprach ich mit diesem strahlenden Etwas. Ich betone „Etwas", weil mir auffiel, dass es nicht rund, sondern länglich war. Tatsächlich hatte ich den Eindruck von ihm verstanden worden zu sein. Es fing plötzlich an sich zu bewegen, sodass ich den Eindruck gewann, dieses Ding schreibt mir, es will mir etwas mitteilen. Leider konnte ich diese Zeichen nicht entziffern. Es mag für viele von uns als Spinnerei abgetan werden, jedoch war mein Eindruck so real, dass ich immer fester daran glaube. Irgendwann am Abend verschwand es einfach und tauchte kurz darauf wieder an der gleichen Stelle auf. Von nun an tauchte dieses Objekt jeden Abend über meinem Schlafzimmerfenster auf.

Immer wieder teilte ich ihm meine Sorgen mit, indem ich nach oben schaute und ihn fixierte. Ich freute mich regelrecht schon auf den nächsten Abend. Ich kann mit Gewissheit sagen, dass es mich verstand und mir mit schreibenden Bewegungen antwortete. Ich weinte und dankte ihm, dass er da war. Bis heute hat sich nichts daran geändert. Ich schaue zwar nicht mehr allabendlich hinauf, aber wenn ich es tue, ist dieses Etwas da. Ich habe Freunde gefunden, die mir zuhören und beistehen, wenn ich traurig bin.

Sind es Außerirdische? Oder ist es die Seele eines

Verstorbenen, der mir besonders nahe stand? Ich glaube fest, dass man diese Gedanken miteinander verbinden muss. Doch eines steht für mich unumgänglich fest, es gibt zwischen Himmel und Erde etwas, was wir, wenn wir ernsthaft darüber nachdenken, auch verstehen können.

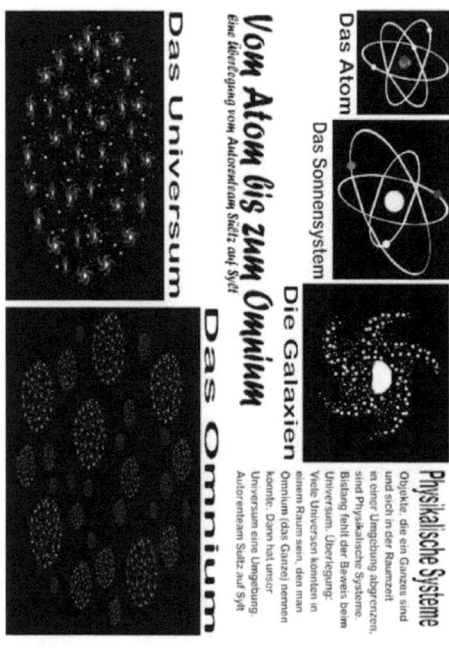

Vom Atom bis zum Omnium
Eine Übersicht vom Autorenteam Sültz auf Sylt

Das Atom

Das Sonnensystem

Die Galaxien

Das Universum

Das Omnium

Physikalische Systeme

Objekte, die ein Ganzes sind und sich in der Raumzeit in einer Umgebung abgrenzen, sind Physikalische Systeme. Bildung fehlt der Beweis beim Universum. Überlegung: Viele Universen könnten in einem Raum sein, den man Omnium (das Ganze) nennen könnte. Dann hat unser Universum eine Umgebung. Autorenteam Sültz auf Sylt

Also, was ist meine persönliche Erkenntnis? Dass ich an Gott glaube, steht außer Frage. Irgendjemand oder irgendetwas wird wohl einen höheren Sinn in allem um uns herum im gesamten Universum sehen. Und sofort entstehen neue Fragen. Was ist wohl außerhalb unseres Universums? Könnte es noch weitere Universen geben? Alles könnte in einem Omnium sein... STOPP!

Kommen wir wieder zu uns zurück.
Wenn ich sterbe, wird sich wohl der
Geist vom Körper trennen. Ich werde in
der Sterbephase auf ein weißes Licht am
Ende des Tunnels zugehen. Aus einer
Sterbebegleitung (ab Seite 60), die an
mich herangetragen wurde, können
Hände aus der Tunnelwand auf mich
Einfluss nehmen. Die einen Hände tragen
mich aufwärts, die anderen Hände
halten mich ab. Bin ich im Licht
angekommen, werde ich mich wohl in
einer anderen Realität, in einer anderen
Dimension oder in einem anderen
Zustand wiederfinden. Mich könnten alle
meine lieben Wegbegleiter, Eltern,
Familie, Freunde,... empfangen. Ich
könnte mit noch lebenden Menschen in
Kontakt treten. Entweder durch Wellen,
die dann auf einem Aufnahmegerät
aufmoduliert werden, was dann meiner
Sprache entspricht. Oder durch
Geräusche, Erscheinungen, Luftzüge oder
Bewegung von Gegenständen. Nähert sich
das Universum dann seinem Ende und die

letzten Schwarzen Löcher, die letzte
Materie, Zeit und Raum verschwinden,
werden wir uns vielleicht in einer
anderen Dimension oder in einem anderen
Universum wiederfinden. Oder aber, alles
eingesammelte wird so stark
komprimiert, dass es einen neuen Urknall
geben könnte, irgendwo im Nichts. Alles
könnte von vorn beginnen. Wie gesagt,
schön wäre es, wenn es auch weiterhin
unser Bewusstsein geben würde. Was
spräche dafür? Ganz klar, dies alles,
Geburt, Leben, Übergang, Universum...
muss einen Sinn haben. Welcher? Lernen
zum Beispiel, ein Miteinander, den
Kindern unsere Erfahrung lehren, den
Augenblick auf dieser wunderbaren Welt
im eigenen, einzigartigen Körper zu
genießen... das wäre ein Weg, damit wir
alle zusammen nach jeder
Übergangsphase reifer und weiser
werden. Dann würde aus dem NICHTS
ALLES werden.

Wir alle werden es auf jeden Fall
erleben. Übrig bleiben aber zuerst einmal
die Trauernden, bevor sie irgendwann
auch folgen werden. Für die Trauernden
sind folgende Zeilen:

Zum Trost.

Tod bedeutet nicht das Ende von allem.
Nein, im Gegenteil. Den Tod müssen wir
als Neuanfang sehen. Das wir nicht
unsterblich sind, dass wissen wir.
Trotzdem ist es ein Schock, wenn wir
einen geliebten Menschen verlieren. Der
Tod ist der Beginn einer anderen Zeit,
einer Zeit ohne den Menschen, den wir
geliebt haben. Wenn wir jedoch an ein
Leben nach dem Tod glauben, so werden
wir immer die Gegenwart des Menschen
spüren, den wir glauben verloren zu
haben. Er ist ja da, stets bei uns und
für ewig in unserem Herzen.

Erfahrung einer Sterbebegleitung

Eine Sterbebegleitung ist etwas sehr Persönliches. Für die Sterbebegleitung benötigt man keine besondere Ausbildung oder Fähigkeit, sich viel Zeit nehmen, Trost spenden, Liebe geben, zuhören, dem Sterbenden eine einfühlsame Betreuung zukommen lassen, das ist das Wichtigste.

Vielleicht machen wir uns allein oder mit den Angehörigen Gedanken darüber, wohin es gehen wird.

Jeder kann da seine eigene Darstellung und Meinung haben, aber es hilft.

Ich habe diese Sterbebegleitung so erfahren, auch gewollt, ich habe es gern getan und würde es immer wieder tun.

Anna war 84 Jahre, als bei ihr die Krankheit Demenz festgestellt wurde. Ich kannte Anna bereits über 40 Jahre. Beruflich hatte ich jedes Jahr bei ihr zu

tun. Danach diskutierten wir bis tief in
die Nacht über interessante Themen. Es
konnte Religion sein oder auch über
außerirdisches Leben. Anna war immer
für alles geöffnet. Ein Thema wurde
immer angesprochen, woher kommen wir
und wohin wird es gehen? Schon in
jungen Jahren las ich Bücher von Albert
Einstein. „Energie wird nicht verloren
gehen, sondern umgewandelt.", so sagte
ich es zu Anna. Anna dazu: „Und der
Mensch steckt voller Energie, gerade sein
Denken!"

Über diese Aussage diskutierten wir also
nun bei jedem Treffen.

Wir nahmen uns die Religion vor,
diskutierten über die Bibel bis zum TAO
TE KING, Irgendwann haben wir dann
beide verstanden, dass das NICHTS etwas
ist. In unseren Köpfen blieben dann
Erkenntnisse, die unser Leben, jeder für
sich, prägten. Alles entsteht eben aus
dem NICHTS, doch das NICHTS ist
ETWAS, es ist ALLES. Jeder von uns sah

die Welt bewusster. Das bedeutete natürlich, dass wir dem Tod gegenüber vorbelastet waren und zwar positiv. Wir ahnten also, dass es nach dem Tod weiterging. Das alles steht natürlich auch in der Bibel, wir betrachteten es aber auch wissenschaftlich. In meiner Familie wird geglaubt, dass es nach dem Leben zu Ende ist. "Wo sollen denn alle Verstorbenen sein? Dazu ist der Weltraum doch viel zu klein." Nun, dann frage ich sie, wozu lebt Ihr hier auf der Erde, es muss doch einen Sinn haben. Außerdem wird nicht verstanden, wie groß unser Universum wirklich ist, es endet nicht hinter dem Mond. Und wenn wir wirklich in einen anderen Energiestatus wechseln, nach dem Übergang, muss es auch nicht diese jetzige Dimension sein. Dimensionen wird es viele geben. Täglich wird uns im TV über das Universum und über Dimensionen etwas berichtet, da ist bestimmt eine Menge dran. Mit dieser kleinen Vorgeschichte möchte ich nur

sagen, dass Anna und ich keine Angst vor
dem Tod hatten und gespannt auf das
Danach waren. Das konnte aber doch
noch viele Jahre auf sich warten.

Die Jahre vergingen. Doch dann,
irgendwann, hörte ich länger nichts von
Anna. Besorgt forschte ich. Ihr Haus
war verkauft, der Besitzer sprach von
Seniorenheim. Also fuhr ich alle Heime
in unserer Stadt ab. Tatsächlich, ich
fand Anna.

Anna erkannte mich sofort. Zuerst
dachte ich, sie wolle mir schmeicheln, als
sie sagte: „Ach, Du bist ja einer der
guten." Erst viel später stellte ich
andere Schlüsse. Die Demenz ist
innerhalb des letzten Jahres größer
geworden. Da ich sehr viele
Informationen in mir von Anna trug,
trainierte ich 3x in der Woche ihre
Erinnerungen. Im Heim traf ich einige
liebe Menschen meiner damaligen
Kundschaft wieder. Mit Anna zusammen
besuchte ich alle. Es war ein

Highlight 3x in der Woche. Kekse und Tee wurde gereicht. Wir erzählten aus der guten alten Zeit.

Ich denke da an Eheleute Wuttke. Früher konnte ich nicht verstehen, warum die Nachbarskinder ihn immer wieder ärgerten. Herr Wuttke aber auch immer darauf einging und kräftig schimpfte. Frau Wuttke erzählte mir nun, dass ihr Mann eine Kopfverletzung mit aus dem Krieg brachte... Ja, jetzt verstehe ich.

Dann war da Frau Tschöpe. Eine ganz liebe und immer fröhliche Frau. Sie steckte mir zu meiner Lehrzeit immer ein gutes Trinkgeld ein. "Hier, Du brauchst es doch später fürs Studium.", flüsterte sie. Ihr Mann durfte es aber nicht wissen. Beide waren froh, wenn ich früher nach getaner Arbeit bei ihnen einen Bären-Schnaps getrunken habe. Auch dies verstehe ich heute, sie waren einsam.

Bei dem Übergang von Frau Tschöpe und
Frau Wuttke waren Anna und ich dabei.
Anna konnte gut singen und sang uns
allen Kirchenlieder vor.

Mit der Zeit bemerkte ich eine
Verschlechterung des
Gesundheitszustandes bei Anna. Sie saß
immer im Flur, wenn ich abends kam.
Ihr Blick war nach unten gerichtet, mit
den Beinen wackelte sie. Sie litt am
Restless-Legs-Syndrom, den unruhigen
Beinen. Sofort wenn sie mich sah,
glänzten ihre Augen. „Du bist einer der
Guten.", sprach sie jedes Mal. „Wer sind
denn die Bösen?", fragte ich. „Ja, wenn
ich einschlafe kommen die Bösen und die
Guten zu mir. Da ist eine Röhre, wie ein
Gitter. Und die bösen Hände wollen mich
nicht durch lassen.", so Anna. Genau so
erzählte sie es mir bei jedem
Besuch. „Heute kam ich schon etwas
weiter, aber die bösen Hände zogen mich
wieder zurück.", sagte sie.

65

Von nun an schmierte ich Anna abends ihre Brote. "Ach, Du bist ja so ein guter." "Du hast bestimmt keine Lust selbst zu schmieren, oder?", sagte ich. Die Betreuung hörte alles und sagte leise zu mir: "Sie kann es nicht. Sie ist in der Nacht auf ihren Arm gefallen." Ich verstand, deshalb auch nun das Gitter am Bett. In Annas Zimmer trainierten wir dann wieder. "Wer war Dein Ehemann? Wie viele Kinder hast Du? Was hast Du erlernt? Und so weiter und so weiter. Bei der Frage „was hast Du erlernt?" schaute ich sie immer an und überlegte, was diese Krankheit aus einem so erfolgreichen Menschen machen kann. Die Jahrzehnte vergingen vor meinem dritten Auge wie im Flug.

Weiterhin trainierten wir zusammen. Jedoch bemerkte ich, dass sich Annas Gesichtsausdruck nicht mehr so veränderte, wie früher. Erzählte ich etwas über Tiere, bekam sie früher große Augen und lachte. Heute lächelt mich

Anna nur noch an. Es wurde mit dem
selbstständigen Essen auch
problematischer. Ich saß neben Anna und
schmierte ihr Brot. Oft sah ich
Patienten, die ihr Abendbrot nicht selbst
gegessen haben. Bei Anna sorgte ich
dafür, dass sie gut aß, das tat sie dann
auch gern. Irgendwann saß Anna nicht
mehr im Flur, um auf mich zu warten.
Sie konnte nicht mehr allein gehen. Also
schob ich Anna durch das ganze Gebäude
und durch den angrenzenden Park. Ich
sah ihr an wie sehr sie sich gefreut hat.
Mir tat es sehr gut.

Die Treffen bestanden also von nun an
aus dem Rollstuhlfahren im Park, dem
Abendbrot, dem Training des Gehirns und
der „Gute Nacht-Geschichte". Auch diese
Phase zog sich einige Monate so hin.

Eines Tages bekam ich einen Anruf.
Anna sei gefallen und liegt nun im
Krankenhaus. Sofort besuchte ich sie
dort. „Du bist auch ein ganz Guter.", so

begrüßte Anna mich. Ich erfuhr, dass Anna wieder aus dem Bett gefallen ist.

Im Seniorenheim sagte man mir dann, dass eine Patientin nachts in Annas Zimmer kam und stürzte. Anna wurde wach und wollte über das Gitter klettern und wohl helfen. Anna war natürlich immer gelenkig. Bis ins hohe Alter trainierte sie nach den Übungen der „5 Tibeter" und „Pilates". Nun war ein Oberschenkelhalsbruch die Folge. Anna erholte sich nach diesem Sturz nicht mehr. Die Restless Legs (unruhige Beine) taten ihr übriges dazu. Ab jetzt sagte Anna immer öfter zu mir: „Ich möchte gern sterben."

Diese Phase dauerte nun einige Wochen. Aufstehen konnte Anna nicht mehr. Weiterhin sagte sie zu mir: „Du bist auch ein Guter." Von nun an fragte ich Anna intensiv nach ihren Träumen. Natürlich wurde auch weiter trainiert. Ihr Träumer erzählte sie mir so: „Schon vor dem Einschlafen sehe ich unter der

*Zimmerdecke ein kleines weißes Licht.
Ein Tunnel öffnet sich, er kommt auf
mich zu. Es sieht wie ein Drahtgeflecht
aus. Daraus kommen Hände. Die einen
wollen mich durchlassen, die anderen
nicht." Ich fragte: "Warum sagst Du,
dass ich ein Guter bin?" "Weil Du gute
Hände hast.", antwortete Anna.*

*Dieses Ritual spielte sich bei allen
unseren zukünftigen Treffen ab. Ich
fragte immer mehr. Etwa: "Siehst Du
Farben? Siehst Du Gesichter? Erkennst
Du jemanden? ..."*

*Am Anfang sah Anna nur diesen Tunnel.
Aber während unserer Gespräche
erzählte mir Anna vom Krieg, wie die
Bomben fielen und sie sich im Keller
ihrer Großeltern versteckte. Jedes Mal
deckte sie sich bis über die Augen zu. Ich
wechselte sofort das Thema und sprach
über Tiere. Schlagartig lachte Anna.*

*Dann kam der Tag, an dem Anna sagte:
"Habe ich eigentlich Kinder?" "Genau*

diese Frage wurde von mir bei jedem Treffen geübt und beantwortet. Die Demenz hatte also wieder einen Schritt nach vorn gemacht. Nun erzählte mir Anna auch noch mehr von ihren Träumen. „Heute hat mich mein Vater besucht. Früher fuhr er einen Simson Supra, ein elegantes Automobil. Er möchte gern, dass ich zu ihm komme. Wenn er mich abholt bringt er Verstärkung mit. Den Bösen werden wir es dann aber zeigen.", sagte Anna und lachte. „Ja, Anna, und solange Du hier bist, passe ich auf Dich auf.", sagte ich. Anna schaute unter die Zimmerdecke und drückte meine Hand.

Mit der Zeit bekam Anna immer mehr Schluckbeschwerden. Nach jedem Bissen gab ich ihr Tee. Nach dem Einschlafen hörte ich sie von nun an röcheln. Oft saugte ihr die Nachtschwester den Schleim ab. Ich ließ mir das zeigen, damit ich ebenfalls Hand anlegen konnte.

"Ich sah heute Nacht ein großes Auge. In der Mitte war es weiß, nach außen sah ich alle Farben. Dann öffnete sich wieder der Tunnel. Hast Du den Keller abgeschlossen?", sagte Anna zu mir. "Ja, Anna. Ich habe den Keller abgeschlossen.", antwortete ich. "Das ist gut. Denn es kommen immer öfter die Blauen mit den weißen Augen." "Sind es Gute?", fragte ich. "Das weiß ich noch nicht.", antwortete Anna.

Ich ging auf alles ein, hielt dabei ihre Hand und streichelte ihre Wange. Sie schaute mich immer an und lächelte.

Das Röcheln verschlimmerte sich. Manchmal verstand ich Anna auch nicht mehr. Sie sprach wie von einem anderen Stern... aber mit Betonung. Dann war wieder alles in Ordnung. Dann erzählte sie mir Geschichten aus ihrer Jugend. Mit der Zeit wusste ich alles von Anna. Ich hatte das Gefühl, ein weiteres Leben in mir zu tragen. An ihren Augen erkannte ich, was sie für Wünsche hatte.

Diese Zeit zog sich nun etwa 14 Tage hin.

Ganz langsam erreichte ich Anna nicht mehr. Zumindest an ihren schlechten Tagen. Hin und wieder brachte ich Lilly Mops mit. Von nun an immer. Sobald Anna meinen kleinen Mops sah, wurde sie ganz anders. Sie lächelte, schaute Lilly Mops auf die Pfoten und sagte: „Du bist auch so ein ganz Guter." Mit Lilly Mops und den Geschichten, die Anna mir ja vorher erzählt hatte, konnte ich ihr noch viel Lächeln abgewinnen.

Und dann kam der Tag, an dem ich informiert wurde, dass es wohl mit Anna zu Ende gehen würde. Ich übernahm morgens die Absaugmaschine. Anna hustete nur noch. Ein letztes Mal sagte sie noch, dass ich einer der Guten sein würde. Danach schaute mich Anna nur noch an. Ich kämmte ihr Haar. Anna hatte immer noch sehr feste und dicke Haare. Dann setzte ich mich neben sie. Jetzt nahm ich ihre Hand und erzählte

Gegen 22 Uhr schloss ich das Fenster und stellte es auf Kipp. Es war ein warmer und windstiller Herbstabend. Immer wieder erzählte ich Anna ihre Lebensgeschichte. Sie schaute dabei unter die Zimmerdecke und drückte hin und wieder meine Hand. Immer öfter saugte ich nun ihren Schleim ab und bemerkte, dass Anna nicht mehr husten konnte. Es wurde für Anna immer anstrengender. Sie schloss nun oft die Augen. Hin und wieder konnte sie tief Luft holen.

Von Zeit zu Zeit kam ein Arzt herein und kontrollierte Annas Zustand. „Sollen wir übernehmen?", fragte er. „Nein, ich habe es Anna versprochen, dass ich bei

alles was ich aus ihrem Leben wusste. Diese Phase zog sich über Stunden hin.

Zwischenzeitlich setzte ich mich in ihren alten Lehnstuhl und schlief ein. Eine Betreuerin übernahm dann das Absaugen des Schleimes.

ihrem Übergang in den Himmel oder in die nächste Dimension dabei sein würde."

Bis 2 Uhr morgens kämpfte Anna mit dem Schlucken und dem Schleim. Alle 5 Minuten saugte ich ihn ab. Ich bemerkte, dass Anna kraftloser wurde. Wenn sie einmal ihre Augen öffnete, schaute sie mich ganz lieb an. Anna kannte ich nun über 40 Jahre, ich hatte das Gefühl, dass sie in den letzten Stunden äußerlich sehr geättert ist. Immer wieder kämmte ich ihre Haare, streichelte ihr Gesicht und erzählte alles aus ihrem Leben. Manchmal hatte ich den Eindruck, sie würde noch alles gut verstehen. Bei den lustigen Stellen der Geschichten, lächelte Anna.

Um 3 Uhr 15 wurde Annas Luftholen immer schwieriger und dauerte auch sehr lange. Nun hielt sie nicht mehr meine Hand, sondern ich ihre. Nachdem ich aufgehört habe, Annas Lebensgeschichte zu erzählen, wurde es sehr ruhig. Ich hörte die Tisch-Uhr ticken. Ich achtete auf Annas Atem. Mir fiel auf, dass ich nun viel weniger abpumpen musste, es wurde immer seltener. Anna hatte die Augen geschlossen. Ich hielt ihre Hand, hin und wieder ein Zucken. Nur kämmte ich Anna wieder und wusch sie mit einem Waschlappen ihr Gesicht. Sie öffnete ihre Augen nicht mehr, ganz langsam verlieб mich Anna. Immer wieder sagte ich ihr. „Gehe zum Licht, die guten Hände werden die tragen. Und ganz oben wartet Deine Familie auf Dich." Diesen Satz habe ich unzählige Male gesagt. Und nun ein letztes Mal, Anna ging...

In diesem Augenblick hatte Anna ein jugendliches Gesicht. Sie war fast Faltenlos. Ich schaute gleichzeitig mit Lilly Mops zum Fenster, das immer noch auf Kipp stand. Plötzlich wehte die Gardine, aber wie gesagt, es war windstill und die Zimmertür war geschlossen. Für mich ganz persönlich löst sich der Geist vom Körper als eine

Tröstende Worte

Einen geliebten Menschen zu verlieren,
ist für alle von uns schwer zu ertragen.
Doch versuchen wir doch, die schönen
Zeiten und Erinnerungen, die wir mit
dem Verstorbenen hatten, in unserem
Bewusstsein zu speichern. Immer dann,
wenn wir traurig sind, können wir dies
dann abrufen, was uns neue Kraft gibt.

In Gedenken an Anna.

Energie und geht..., ja, wohin? Ich kann
es nur ahnen und daran glauben.

77

Es ist wichtig zu wissen, dass nur der Körper, also die Hülle des Menschen verloren geht. Die Seele steigt auf und ist immer bei uns. Wir sollten auch daran denken, dass der Verstorbene es bestimmt nicht gewollt hätte, wenn wir unser Leben vor lauter Trauer vernachlässigen. Wir müssen die Kraft aufbringen weiter zu machen, im Namen des Verstorbenen und im Namen Gottes.

Gedichte zum Gedenken und zum Trost,
wenn wir einen geliebten Menschen
verloren haben.

Wir werden ihn vermissen
und liebten ihn so sehr.
Aus dem Leben wurde er gerissen.
Nun gibt es ihn nicht mehr.

Doch seine Seele, sie lebt weiter.
Sein Geist ist immer hier.
Lebe weiter und werde wieder heiter.
Er ist nicht tot, er ist bei Dir.

Die letzte Ehr' wollen wir ihm erweisen.
Lasst uns beten und für ihn singen.

Nun hast Du endlich Frieden gefunden,

Meine geliebte Partnerin.

Lange waren wir eng verbunden,

Unser Leben hatte einen Sinn.

Ihn begleiten, wenn er geht auf Reisen,

Ein letztes Blümlein ihm noch bringen.

08

Du bist nun nicht mehr hier.
Doch Dein Geist ist noch da.
Du bist immer bei mir.
Wie schön es doch mit Dir war.

Ich nehme Abschied nun von Dir.
Wünsche Dir Glück auf Deiner Reise.
Eine rote Rose noch von mir,
Bevor ich gehe, ganz leise.

Ich vermisse Dich.

Schöne Jahre hatten wir,
Zusammen viel gemacht.
Das Leben war so schön mit Dir,
Wir haben geweint und gelacht.

Du wirst glücklich sein,
da wo Du nun bist.
Trotzdem fühl ich mich allein,
Doch es ist so wie es ist.

Meine Gedanken sind immer bei Dir,
Nur Dein Körper ging fort.
Deine Seele ist stets bei mir,
hier und an jedem Ort.

Gott hat Dich gerufen.
Er wollte es wohl so.
Bist gestiegen, die Himmelsstufen,
befindest Du dich da oben, irgendwo.

Von Deinen Qualen bist Du befreit.
Es geht Dir wieder gut.

Vergangen ist so viel Leid,

In Gottes Hand Deine Seele ruht.

Auf den letzten Zug bist Du gesprungen.

Für immer bist Du nun fort.

Ein Ständchen wollen wir Dir noch bringen.

Wir wissen Du bist glücklich dort.

Traurig stehen wir nun hier,
Finden kaum noch Worte.
Einen letzten Gruß schicken wir Dir,
Hier an diesem Orte.

Auf dem Sterbebett sagtest Du:
„Sorgt euch nicht, es geht schon weiter."
Jetzt habe ich die ewige Ruh'
und steh' schon auf der Himmelsleiter.

Wir wünschen Dir eine gute Reise.
Deine Seele bleibt ja hier.
Sagen Tschüss ganz leise.
Unsere Gedanken sind stets bei Dir.

Zusammen nehmen wir Abschied von Dir,
Für immer bist Du nun fort,
Doch Deine Seele ist noch hier,
Dein Geist an einem stillen Ort.

Wir haben gelacht und Spaß gemacht,
Das Leben mit Dir genossen,
Stunden des Glücks miteinander verbracht,
Auch Tränen sind oft geflossen.

Noch ein Gebet zum Schluss,
Viele Blumen schenken wir,
Jeder von uns mal gehen muss,
Aber Du bist immer hier.

Herzlichen Dank für Ihr Interesse und
alles Gute für Sie, lieber Leser.

R.G.Wardenga

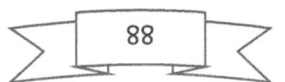